AF554708

ÉTUDE CRITIQUE

SUR L'ORGANISATION

DE L'ALGÉRIE

PAR

CHARLES HOUPERT

CONSERVATEUR DES HYPOTHÈQUES EN RETRAITE A SARREBOURG

Gagner la sympathie des Arabes par des bienfaits positifs. — Attirer des colons par des exemples de prospérité réelle.

(*Lettre de l'Empereur du* 20 *juin* 1865.)

1866

IMPRIMERIE DE Ve RAYBOIS

Rue du faubourg Stanislas, 3

NANCY

ÉTUDE CRITIQUE

SUR L'ORGANISATION

DE L'ALGÉRIE

PAR

Charles HOUPERT

CONSERVATEUR DES HYPOTHÈQUES EN RETRAITE A SARREBOURG

Gagner la sympathie des Arabes par des bienfaits positifs. — Attirer des colons par des exemples de prospérité réelle.

(*Lettre de l'Empereur du* 20 *juin* 1865.)

1866

IMPRIMERIE DE Ve RAYBOIS

Rue du faubourg Stanislas, 3

NANCY

ÉTUDE CRITIQUE

SUR

L'ORGANISATION DE L'ALGÉRIE

La cause première de notre guerre d'Afrique, ce qui l'a légitimée aux yeux de l'Europe, c'est la destruction de la Piraterie; pour la sécurité de la navigation dans la Méditerranée, il fallait que les Etats Barbaresques fussent anéantis.

Il ne suffisait pas de fonder sur cette plage une Colonie européenne, qui dans un temps plus ou moins éloigné, viendrait revendiquer son indépendance; il fallait nous établir nous-mêmes en maîtres à Alger pour dominer tout le littoral; et après avoir renversé le trône des Beys, les lois de la Guerre nous donnaient bien le droit d'occuper la Régence et de disposer de notre conquête.

Mais, la domination musulmane détruite, nous nous sommes trouvés en présence d'une Population indigène, d'origines diverses, dont les éléments trop hétérogènes n'avaient pu faire une nation compacte.

Même sous les Beys, des tribus nomades sillonnaient la Régence, sous le commandement de chefs indépendants, se jalousant entre eux, souvent en guerre; nous nous sommes vus forcés de dompter ces chefs par les armes; nous leur avons accordé l'Aman en échange de leur soumission; néanmoins aux yeux de ces chefs, nous sommes restés nous-mêmes une Tribu d'infidèles victorieuse, que leur sécurité, leurs devoirs religieux, leur commandaient de toujours combattre.

C'est ce sentiment instinctif de Patriotisme farouche qui a entretenu leur esprit de révolte, qui nous a suscité cette Guerre sainte qui a donné à la lutte les proportions d'une grande Guerre, dans laquelle nous nous sommes lancés avec l'ardeur du chasseur dans une chasse aux lions. La victoire nous a été fidèle; toujours en ennemis généreux nous avons encore tendu la main aux vaincus, en leur laissant leurs chefs, leur organisation en tribus, en essayant de les gouverner, en respectant leur Foi et leurs traditions.

Trente-sept ans de luttes incessantes nous ont démontré l'inanité de nos efforts : en ce moment encore nous ne sommes pas à l'abri d'une révolte de tribu.

Pendant ce long espace de temps où toutes nos préoccupations ont été absorbées par la Guerre, nous n'avons pu nous occuper d'une manière suivie du sort de nos Colons et de seconder efficacement leurs efforts.

Si dans ces circonstances, une impérieuse nécessité nous forçait à rappeler notre armée d'Afrique, que deviendraient nos conquêtes et nos sacrifices ? le vent du désert aurait bientôt tout balayé.

Ces considérations sont graves; elles ont déjà appelé la sollicitude de l'Empereur. Dans sa lettre du 20 juin 1865, il signale le besoin d'écarter à jamais de la controverse quelques questions fondamentales : c'est mettre le doigt sur la plaie et provoquer l'opinion publique à rechercher les moyens de la guérir.

1°

La Régence d'Alger présente une superficie qui n'est que de 1/5 inférieure à celle de la France : qu'avons-nous besoin de faire la conquête d'un si grand pays?

Choisissons dans ses Provinces celles qui nous sont nécessaires pour conserver et entretenir, sans plus de sacrifices, notre Etablissement permanent sur les côtes d'Afrique.

Il faut que nos possessions présentent des ressources suffisantes pour faire prospérer leur Population, et qu'elles ne soient pas assez considérables pour inspirer de l'ombrage aux autres nations.

C'est à la stratégie à fixer notre ligne de délimination, cette ligne tracée, plantons-y le Drapeau de la France, et nous saurons le faire respecter.

C'est une Guerre d'Arabe qu'il faut faire maintenant aux Arabes et non une Guerre de Conquérant qui pardonne au Vaincu quand il fait sa soumission. Si une Tribu de l'intérieur se révolte, qu'elle soit punie sévèrement, même expulsée du territoire au besoin. Si des tribus ennemies venaient encore faire invasion sur notre frontière, qu'elles soient poursuivies avec promptitude et vigueur, jusques dans leurs repaires et chatiées sans merci en leur enlevant leurs troupeaux. Quand la lutte sera ainsi engagée et circonscrite, nous pourrons sans péril diminuer progressivement notre armée d'occupation.

Délaissons sans regret nos conquêtes en dehors de nos limites : si quelques pionniers audacieux se sont aventurés inconsidérément au delà, offrons-leur de les indemniser en cas de dommage en leur faisant de nouvelles concessions.

Bornons-nous à entretenir avec les tribus voisines des relations bienveillantes ; ouvrons-leur notre frontière pour les attirer en sécurité sur nos marchés ; tâchons par notre bien-être de les engager à nous suivre dans la voie de la civilisation. Si des tribus nous demandent à venir se fixer sur notre territoire, accordons-leur de libérales concessions, nous avons sous la main le meilleur instrument de colonisation dans la race Kabyle, qui a déjà le respect de la propriété, et des mœurs sociables : ne négligeons pas de l'utiliser.

2°

Nos possessions bien assurées, nous aurions à réorganiser un grand Pays, des Populations d'origines diverses, divisées en tribus, ayant chacune leur religion, leurs lois, leurs traditions, leur mode de jouissance de la propriété, leurs impôts, etc., etc.

Tant que les tribus subsisteront dans leur organisation actuelle, l'existence d'une nation compacte est impossible ; il faut avant tout qu'elles soient réunies dans un même cadre, qui les place directement sous le Gouvernement de l'Empire et sous les conditions de nos lois.

La solution de ce problème paraît impossible, sans déchirement : essayons de prouver le contraire, et qu'il ne faut, comme toujours, que vouloir pour pouvoir.

Quand la France a voulu fonder son unité sur l'Egalité, elle n'a pas hésité à supprimer ses anciennes Provinces avec leurs priviléges, et à les diviser en départements égaux en droits.

Pourquoi en Algérie hésiterions-nous à diviser la tribu en communes, sections de commune suivant son étendue, et sa population plus ou moins aglomérée, en rattachant ces communes entre elles par le lien du canton au département ?

Pourquoi ne pas chercher à rattacher l'Arabe au sol par l'attrait de la propriété individuelle ?

Une réforme dans ces conditions aurait l'avantage de ne pas rompre les traditions de la tribu, les liens de famille ; elle aurait dû être le préliminaire obligé de l'exécution du Sénatus-consulte du 22 avril 1863, resté jusqu'à présent sans complète exécution.

Sur quelles bases et par quelle transformation peut-on constituer la propriété individuelle dans les communes arabes ?

Quelle organisation donner à ces communes ?

C'est bien là les deux points fondamentaux de la question que nous allons chercher à résoudre.

Constitution de la propriété arabe.

Seront constitués comme biens communaux, tout en respectant dans leur intégrité les concessions individuelles qui auraient pu être faites antérieurement :

1° Les immeubles que la tribu s'est appropriée par le travail, qu'elle a cultivés et récoltés avant le recensement de 1861, ainsi que les droits d'usage dont elle a joui sur le domaine public.

Ces droits d'usage seront immédiatement cantonnés, en exécution d'un arrêté du Préfet, qui nommera trois experts pour en poser les bases ; ces experts devront être un Arabe, un Européen et un agent du Domaine ou des Forêts ; dans le cas où ces trois experts ne tomberaient pas d'accord pour former l'unanimité dans la majorité, le tiers-expert dissident devra consigner son opinion au procès-verbal, lequel sera déposé à la Préfecture avant l'expiration de l'année. Le Préfet, en conseil de Préfecture, prononcera sur le cantonnement. La décision sera notifiée au Domaine et à la commune, qui auront un délai de trois mois pour se pourvoir en appel près du gouverneur-général qui jugera en dernier ressort.

2° Les terres dites atzels que le Domaine retient à titre de séquestre seulement, et qu'il aurait louées en détail à la tribu par adjudication, dont il est équitable qu'il fasse restitution, les causes du séquestre ne devant plus substituer.

Dès que la Commune sera constituée dans sa propriété et à la diligence du maire, il sera procédé, en vertu d'un arrêté du Préfet, au Partage de ses biens par un agent des contributions directes désigné *ad hoc* par le Préfet. — Un quart de ces biens sera réservé en jouissance commune et formera le bien communal proprement dit ; le surplus sera partagé par lots entre tous les habitants, par ménage et en proportion des besoins de la famille, à charge par chaque chef de ménage de payer à la commune une redevance annuelle en argent calculée sur un prix uniforme attribué à l'hectare de terre au moment du partage : il sera loisible à chaque chef de ménage de se libérer de cette redevance en remboursant à la Commune le capital au denier vingt de la rente. Ce n'est qu'après ce rachat ou pour opérer ce rachat que les biens seront susceptibles d'hypothèques (les lois françaises ne donnent au créancier le droit de saisie sur les récoltes de son débiteur qu'après leur maturité).

Avant partage il sera prélevé et attribué gratuitement au chef de tribu une part proportionnée aux dîmes et émoluments que la loi musulmane en usage lui accordait à raison de ses hautes fonctions, rachat d'une sorte de droit féodal, incompatible avec le régime français : cette part réglée de gré à gré ou par voie d'expertise dans la même forme que pour les cantonnements.

Ce mode de transformation de la propriété par des moyens pratiques présente l'avantage :

De ne pas interrompre la jouissance des usagers.

De les engager dans la voie du travail et de l'économie par l'attrait de devenir au plus tôt propriétaires incommutables.

En fixant à l'avance le prix du loyer et du rachat de la rente, l'usager est assuré de profiter seul du bénéfice de ses améliorations.

Il est préservé de la lèpre de l'usure tout le temps qu'il travaille à son affranchissement.

Le produit des rachats de rente formera un fond de réserve aux mains de la Commune, pour subvenir aux constructions communales et aux travaux publics d'amélioration.

Et lorsque le temple et les écoles s'élèveront au milieu des tentes, les Arabes cesseront bientôt leurs habitudes nomades et nous béniront de les avoir initiés à la vie civilisée, sans secousse, sans dommage, sans rompre leurs rapports sociaux, et à leur grand avantage matériel.

Organisation de la Commune arabe.

Les Maires seront nommés par le Préfet ; c'est un principe fondamental de notre constitution que le Pouvoir exécutif appartient à l'Empereur, que seul il le délègue à des agents.

Ils seront naturellement choisis dans les anciennes familles prépondérantes, dans les chefs de tribus, auxquels les Arabes sont habitués à montrer de la déférence : ces chefs eux-mêmes, sachant qu'ils ne peuvent plus tenir leur pouvoir réel que de l'Empereur, sentiraient mieux l'obligation de lui rester fidèles.

Les attributions des maires seront les mêmes que celles des maires en France, seulement il conviendrait de leur donner un interprète salarié, qui serait, en outre, chargé de la rédaction des actes de l'état civil.

Si, à raison de son étendue, la commune est divisée en sections, le maire doit avoir un subdélégué de son choix dans chaque section.

Si la tribu est trop considérable pour être réunie dans une seule commune, elle pourra être divisée en plusieurs communes, qui devront toutes se réunir en un centre commun au canton.

Attendu le petit nombre de Communes qui relèvent du département, comparativement avec ce qui existe en France, les Sous-Préfectures pourraient être supprimées, les fonctions intermédiaires des Sous-Préfets seraient suffisamment remplies par les maires des chefs-lieux de Canton, si on leur adjoignait des Secrétaires ambulants comme il en existait en France sous le Ier Empire, et qui avaient mission de faire des tournées périodiques dans les Communes pour accélérer et compléter l'instruction des affaires pendantes, ainsi que la correspondance.

Le maire sera assisté et contrôlé par un conseil municipal électif, *en tout ce qui concerne la gestion des intérêts communaux :* néanmoins à raison du peu d'habitude des Indigènes à la pratique de la vie civile, les membres du conseil seront nommés par le Préfet, pendant cinq ans. Pendant ce temps, il sera élaboré une loi spéciale d'élection, dans les conditions que l'expérience révèlera, et pour la simplification de nos formalités administratives là sans objet.

Par égard pour la foi musulmane, les communes pourront conserver leur Caïd, qui déjà dans les Tribus Kabyles est nommé à l'élection.

Ces Caïds resteront en dehors de l'administration, en cessant de distribuer chaque année des terres aux Indigènes, de régler et de percevoir l'impôt, de commander des hommes d'armes. Leurs fonctions se borneront à rendre la justice dans les questions qui sont du domaine de la religion, telles que le mariage, le divorce, les successions et autres matières réglées par le Coran. L'appel de leurs décisions aux Médylés institué par décret de 1857 est maintenu.

Pour toutes les contestations sur les transactions, pour la répression des délits et des crimes, les Indigènes seront soumis aux lois et à la juridiction des Tribunaux français.

Nos justices de paix pourraient rendre de grands services; mais pour fonctionner utilement, elles devraient subir une réforme radicale.

En France, un juge de paix siége un jour par semaine au chef-lieu du canton; en Algérie, à raison des distances, il devrait nécessairement transférer son jour d'audience dans chaque subdivision de son canton, pour se rapprocher des justiciables.

En France, il juge en dernier ressort sur certaines questions, à charge d'appel sur d'autres; il n'est plus que conciliateur sur les plus importantes. Un peuple neuf, qui ne sait pas par lui-même étayer ses prétentions des subtilités de la chicane, a besoin de se trouver en présence d'un juge complet, prononçant sur toutes ses réclamations; la compétence du juge de paix ne devrait donc pas être limitée, sauf l'appel de ses jugements au tribunal. Ses fonctions seront laborieuses au début par le grand nombre des réclamations, mais il s'écoulera bien des années avant que ces réclamations ne s'élèvent à un chiffre élevé.

Nos officiers des bureaux arabes seraient les candidats les plus propres à remplir les fonctions de Juge de Paix, par leur connaissance de la langue et des habitudes indigènes. L'épaulette exercera plus de prestige que la robe sur ces populations guerrières.

Pour diminuer les frais de justice, tous les actes de procédure devant les juges de paix devraient être affranchis des droits de timbre et d'enregistrement, à l'exception du jugement définitif et de sa signification.

Pour couper court aux exactions, les officiers ministériels devraient être tenus, lors du paiement de leurs frais, de remettre au débiteur une quittance pour solde énonçant toujours le détail de ces frais, à peine de dispositions disciplinaires et même de révocation au besoin.

Tous les Impôts arabes sur les charrues, les bestiaux, les arbres à fruits, devraient être supprimés comme contraires au progrès et frustratoires dans leur perception, et remplacés par notre contribution directe en principal et centimes additionnels.

Comme la propriété débutera par être constituée en bien communal, il sera facile aux agents des contributions directes d'établir le chiffre de l'impôt de la commune, à raison de l'étendue constatée de son territoire. La commune percevant des locataires le prix du loyer, pourrait acquitter les contributions sur ces deniers, jusqu'au moment où le plan parcellaire terminé permettra de dresser un Rôle nominatif par Imposé. Il ne peut y avoir perte pour la commune dans cette avance de fonds, puisque si d'une part elle paye les contributions, d'autre elle peut augmenter proportionnellement la redevance qu'elle perçoit des détenteurs des terres. Les débiteurs auront l'avantage de se libérer en une seule fois de leurs redevances et de leurs contributions, sans augmentation de frais de perception et sans exaction possible.

Ce serait faire acte de bonne politique de décharger nos communes Indigènes de nos impôts indirects pendant cinq années, à l'exception de l'impôt du timbre et de l'enregistrement sur les mutations d'immeubles et des droits d'hypothèque. Pendant ce délai, il sera élaboré un projet de loi pour concilier les intérêts du Trésor avec la protection due à des établissements en voie de formation.

A l'avenir, les concessions gratuites aux tribus ne pourront se faire qu'à la condition que celles-ci se soumettent à être transformées en commune, et qu'elles s'engagent à faire procéder immédiatement au partage des terres qui leur ont été concédées, en la forme et sous les conditions des autres communes Indigènes.

Les concessions restées incultes devront être révoquées après une mise en demeure restée sans effet. Les terrains impropres à une culture productive toujours réservés pour le pâturage en commun.

Les communes installées là où il y a de l'eau, les habitations près du clos cultivé; la pâture aux alentours sur le domaine public, ne devrait plus être concédée aux communes qu'à titre de location, pour ne pas engager l'avenir et consacrer le respect du droit de propriété.

3°

De la colonisation.

Il n'existe et ne peut exister de colonie européenne sur nos côtes d'Afrique : là où l'Empereur règne et gouverne, il ne peut y avoir qu'une colonie française; c'est un droit politique que nous devons toujours proclamer haut et ferme.

En fait, c'est réellement une colonie française, puisque sur une population de 192,546 habitants, on compte 112,229 Français, et seulement 80,317 Européens de diverses nations.

Les Français qui ont apporté leur travail, leur industrie, leurs capitaux dans une annexe de la France, n'ont pas perdu leur qualité de Français. Ils sont restés citoyens avec tous les droits et priviléges de citoyen qu'ils ont droit de revendiquer en compensation des charges qui leur sont imposées.

Les étrangers établis ont droit aux mêmes droits qui leur seraient assurés en France, sous les mêmes obligations.

Il n'y a d'irrégulier que la position des Tribus jointes si inconsidérément aux communes françaises, contrairement à l'esprit du décret du 16 décembre 1848. Il est indispensable de les séparer et de les constituer en section de communes, sous le même régime que les communes indigènes, si mieux elles n'aiment échanger leurs terres contre une nouvelle concession plus à proximité de leur Tribu d'origine.

L'uniformité des droits civils des colons bien constatée, le périmètre des concessions bien tracé, serait-il donc si difficile de leur trouver une forme d'organisation et d'administration, conforme à leurs besoins réels?

Quand la République a eu à organiser ses conquêtes sur les bords du Rhin, elle a eu à lutter contre des institutions séculaires, à infuser ses nouveaux principes de liberté et d'égalité aux populations, et cependant, en peu d'années, elle est parvenue à en former un tout homogène, que ni le temps ni le déchirement de la patrie n'ont pu empêcher qu'il n'en reste encore une empreinte ineffaçable.

En Algérie, sur un sol vierge, avec une population qui partage nos principes, il semblerait donc bien facile d'y transporter les institutions de la mère-patrie.

Mais ce serait une faute grave de le tenter, les circonstances ne sont pas les mêmes.

Pour assurer notre établissement permanent à Alger, nous avons, dès le début, fondé à l'entour une Colonie française, pour montrer que notre intention n'était pas de subjuguer les

Tribus arabes par la force des armes, mais de nous les attacher par les bienfaits de la civilisation, colonie elle doit rester. Or le caractère distinctif d'une colonie est l'extention, son arme la plus puissante est la liberté, sa garantie, le Self Gouvernement. Il semblerait donc que des institutions analogues à celles d'un des États de l'Amérique du Nord lui serait mieux appropriées que les nôtres : si un régime de liberté avait été inauguré, nul doute qu'il n'y eût amené le flot de l'Immigration.

Dans tous les cas, c'est aux colons eux-mêmes à rechercher la forme des institutions qui leur convient le mieux et à demander qu'elles leur soient octroyées. Pourquoi n'en ferait-on pas l'expérience? Maintenant avec une population aussi peu considérable, elle ne peut présenter de danger grave ni d'obstacle sérieux.

Qu'un décret impérial autorise l'élection de 100 de nos meilleurs colons, dans lesquels il en sera choisi 50 des plus intelligents par le Gouverneur-Général, pour, sous sa présidence, former une sorte de Constituante, pour discuter contradictoirement avec les commissaires du Gouvernement, le meilleur mode d'administration à introduire dans la colonie, sous l'obéissance de nos lois générales : que leur délibération devienne la base d'un Sénatus-consulte exécuté en tout point avec résolution, et toute incertitude cessera.

Mais avant tout, occupons-nous enfin de fixer la position civile de nos colons arabes et de les mettre à même de jouir des droits de citoyens; ils forment la partie la plus nombreusede la colonie et ont bien droit d'être consultés et de concourir à son organisation.

C'est par la civilisation que notre colonie doit un jour s'assimiler les communes arabes, il faut avant tout lui faciliter cette transformation.

Nous ne voulons pas imiter les Américains du Nord, en massacrant et repoussant dans le désert la race vaincue.

Avec un peuple fier et guerrier, nous ne pouvons espérer les succès faciles des Anglais dans l'Inde.

Mais nous pouvons montrer à quelles conditions on peut, dans ces parages, fonder une colonie prospère, y déposer le germe de la civilisation pour qu'il s'y développe et s'y propage chez les nations barbares.

C'est une noble mission digne de la France.

Sarrebourg, le 20 décembre 1865.

HOUPERT.

Nancy, imprimerie de v^e Raybois, rue du faubourg Stanislas, 3.

www.ingramcontent.com/pod-product-compliance
Lightning Source LLC
LaVergne TN
LVHW020501230826
846091LV00008BA/3303